AF267214

L'ENFANT EN AFRIQUE

DÉDIÉ

AUX AMIS DU CONGO FRANÇAIS

PAR LEUR RECONNAISSANT ET DÉVOUÉ

J. SAND

DE LA CONGRÉGATION DU SAINT-ESPRIT ET DU SAINT-CŒUR DE MARIE

PROVICAIRE APOSTOLIQUE DU CONGO FRANÇAIS

SE VEND AU PROFIT DE SA MISSION

PARIS

IMPRIMERIE GUSTAVE PICQUOIN

53, Rue de Lille, 53

L'ENFANT EN AFRIQUE

DÉDIÉ

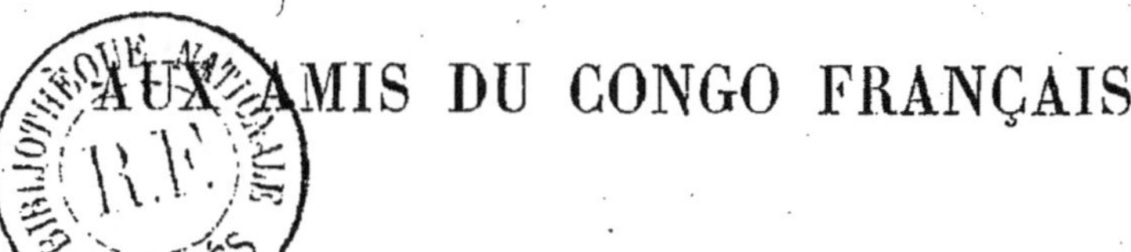

AUX AMIS DU CONGO FRANÇAIS

PAR LEUR RECONNAISSANT ET DÉVOUÉ

J. SAND

DE LA CONGRÉGATION DU SAINT-ESPRIT ET DU SAINT-CŒUR DE MARIE

PROVICAIRE APOSTOLIQUE DU CONGO FRANÇAIS

SE VEND AU PROFIT DE SA MISSION

PARIS

IMPRIMERIE Gustave PICQUOIN

53, Rue de Lille, 53

Nous recommandons vivement la lecture de la brochure :

L'ENFANT EN AFRIQUE

† JEAN–JOSEPH,

Evêque de Luxembourg.

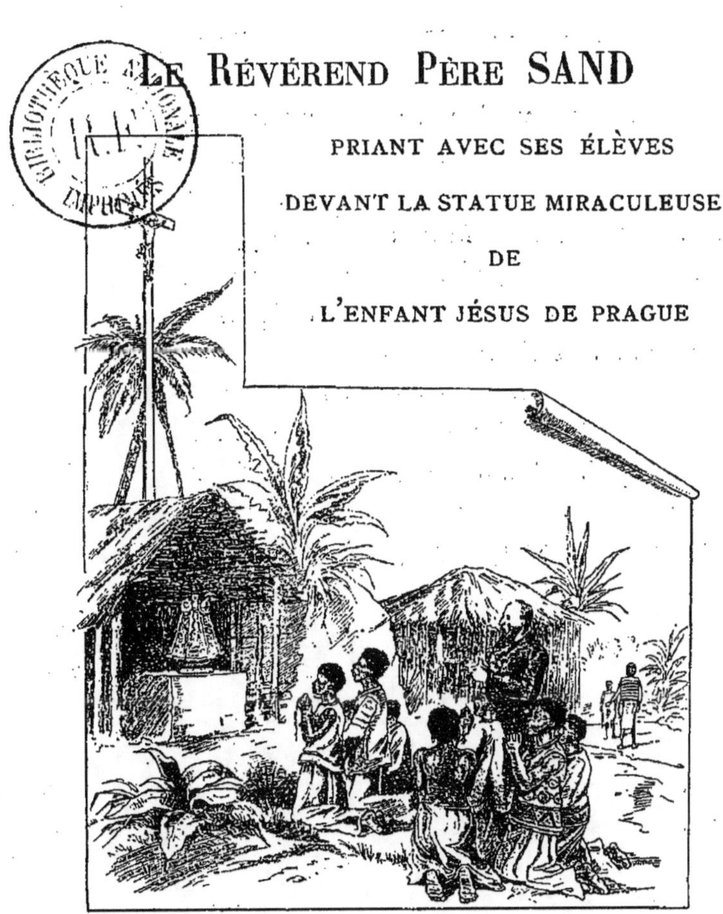

Divin Enfant Jésus,
Protégez et bénissez nos pauvres petits Païens !

AUX AMIS DES MISSIONS DU CONGO,

C'est pour moi un bien doux devoir de rendre compte à mes généreux bienfaiteurs de l'emploi de leurs dons.

Je ne saurais mieux le faire qu'en exposant en quelques pages la situation de la mission française du Congo. Mes paroles auront l'éloquence inhérente à la vérité.

Quelques scènes prises sur le vif montreront d'un côté l'affreuse misère du noir, les horreurs du paganisme africain, de l'autre l'immense bien matériel et moral fait au nom du Christ par les missionnaires et leurs dévoués collaborateurs. C'est de vous que je parle, amis du Congo, car sans votre aide, nos efforts resteraient stériles. Dieu sait combien je vous suis reconnaissant : chaque aumône, si petite qu'elle soit, est une semence produisant des fruits abondants. Grâce à vos dons, nous arrachons à l'esclavage des milliers d'êtres humains auxquels nous enseignons la foi chrétienne ; grâce à vos prières, nous faisons une ample moisson d'âmes.

Merci à vous tous qui ouvrez si volontiers votre bourse pour remplir la main du missionnaire, et vos cœurs pour lui donner la précieuse aumône de la sympathie.

Lisez ces pages ; vous y trouverez le récit de bien des tristesses et de bien des consolations ; vous y trouverez le prêtre luttant contre Satan, et vous y puiserez la résolution de ne jamais abandonner une œuvre belle et nécessaire entre toutes.

J. SAND.

L'ENFANT EN AFRIQUE

CHAPITRE PREMIER

COUP D'ŒIL SUR LA SITUATION DE L'AFRIQUE

Je voudrais, tout d'abord, rendre mes honorés lecteurs attentifs à une circonstance très remarquable, qui éclaire d'une lumière bien vive la malédiction de Noé sur ce triste pays.

Depuis plusieurs siècles, la semence de l'Evangile avait été semée par des mains apostoliques dans cette terre de l'Extrême-Orient, arrosée par le sang fécondant des martyrs.

D'ancienne date, des missionnaires, porteurs de la bonne nouvelle, avaient parcouru les deux Amériques, consolant les malheureux Indiens captifs dans les fers de l'idolâtrie. Ils ne craignirent pas de s'aventurer même jusqu'aux îles lointaines de la sauvage Océanie.

L'Afrique, la pauvre, la brûlante Afrique, exclue de toute civilisation, resta, seule, abandonnée dans les ténèbres de l'ignorance et les épouvantes d'une indicible misère.

En effet, les annales des missions, ainsi que l'histoire profane, nous montrent les missionnaires et les curieux explorateurs de l'Asie et de l'Amérique, passant à côté des plages sablonneuses de l'Afrique, sans avoir même la pensée d'y aborder.

Personne, hélas! ne vint au secours de ces contrées, gémissant sous la malédiction de Cham, pendant que les chasseurs d'hommes leur arrachaient annuellement près de 10,000 de leurs enfants.

Afrique, terre maudite entre toutes, vaste champ de mort dont les fleuves, rougis de sang humain, roulent des cadavres, mêlés aux troncs pourris des arbres de leurs forêts! Ces flots crient vengeance en se voyant déshonorés de la sorte.

Dans cette Afrique, dont les chemins sont jonchés de crânes humains, et couverts d'horribles marchés d'esclaves, depuis le Congo jusqu'au Maroc, depuis les grands lacs jusqu'en

Egypte ; dans cette Afrique où les soldats et les canons sont aussi impuissants que les philanthropes, la pure lumière de l'Evangile seule peut créer une vie nouvelle.

Après des siècles d'expiation, l'Afrique voit enfin apparaître à son horizon le soleil de la grâce, plus magnifique que l'astre radieux des tropiques et répandant autour de lui les bénédictions, le salut et la vie chrétienne.

Il y a cinquante ans, la divine Providence suscita pour le pays des noirs un sauveur en la personne d'un israélite converti.

Cet homme, un saint Paul enflammé de l'amour de Dieu et du prochain, était le Vénérable Libermann, fondateur de notre Congrégation et son premier général.

Depuis cinquante ans, ses fils spirituels cultivent cette terre d'Afrique, hier encore sauvage et couverte de ronces et d'épines.

Plus de 1,000 disciples ont suivi l'appel du maître et se sont formés à l'école de cet homme au cœur apostolique. Fort des vertus de leur nouvelle famille, ils dirent courageusement un éternel adieu à leur patrie pour aller sur le mystérieux continent combattre le bon combat pour Dieu et les âmes. 240 de ces preux sont déjà tombés sur le champ de bataille ; la mort les a trouvés les armes à la main, et leur a offert, souvent dès la première heure, par l'intermédiaire du climat meurtrier et de la cruauté des noirs, la palme du martyre.

Le Dieu tout puissant voulut que, malgré ma faiblesse, mon humble personne fût incorporée à cette vaillante armée.

Aussi quel fut mon bonheur lorsque l'appel divin m'envoya dans ce champ si vaste où mûrit une grande moisson.

Ah ! s'il y avait ici plus d'ouvriers, quelle récolte ne recueillerait-on pas pour le ciel ! S'il y avait ici plus de moissonneurs, que d'épis d'or on pourrait entasser dans les greniers du Père éternel ! Mais les enfants crient pour avoir le pain de vie, et les pauvres doivent pâtir et devenir la victime de leurs maîtres inhumains.

Pendant dix ans, il m'a été donné de contempler le sort de ces malheureux dans ses plus tristes détails. Souvent j'ai eu le bonheur, autorisé par de généreux donateurs, de briser de lourdes chaînes et d'ouvrir les portes du ciel à de malheureuses créatures. D'autres fois aussi, hélas ! trop pauvre pour aider, j'ai dû rester simple témoin de situations atroces, d'actions épouvantables qui me fendaient l'âme.

Jamais nous ne pourrons assez remercier Dieu de nous avoir .fait naître dans des pays chrétiens. Il ne pouvait nous donner un plus énergique stimulant pour faire aux malheureux esclaves africains la charité matérielle et morale.

Après cet aperçu général, je veux vous raconter la vie de ces enfants d'Afrique, certain d'éveiller dans vos nobles cœurs des sentiments de pitié pour ces pauvres noirs auxquels vous vous intéressez tant.

CHAPITRE II

LA .NAISSANCE

Il est singulier que l'enfant noir naisse blanc. La couleur de son corps fonce après quelques jours depuis les différents tons chocolat jusqu'au plus beau noir d'ébène.

A peine le nouveau-né a-t-il fait son premier pas dans le monde que déjà l'esprit infernal, incarné dans des superstitions de tout genre, guette son innocente victime.

Si le pauvre enfant a choisi pour naître un jour considéré comme néfaste, sa perte est certaine. A côté du berceau, — le cercueil.

Une vieille sorcière, être démoniaque, éteint sans pitié la pauvre petite flamme allumée de son existence. Son cadavre est jeté dans les broussailles en pâture aux hyènes, les vigilantes gardiennes des chemins africains.

S'il est estropié, un jugement impitoyable le condamne à mort. Tout membre de la société si distinguée de l'Afrique doit être d'une constitution irréprochable. Cette règle a bien de temps à autre une exception, mais je puis à peine me souvenir d'avoir vu un estropié dans mes nombreuses visites aux diverses tribus.

Un jour, un de nos néophytes visita, selon la pieuse coutume, un chef d'une tribu amie, dans une de ses courses apostoliques. A l'approche d'une case il entendit des cris affreux, mêlés de jurons africains du plus beau calibre. Notre catéchiste eut vite deviné la cause de ce bruit.

Sans autre formalité il se glisse dans la cabane par le Riavulu (porte), trou large de 45 centimètres et haut de 60. Un pauvre petit être estropié venait de voir la lumière du jour dans ce palais. Loin d'être satisfait, le père devint furieux, couvrit la mère d'injures, et se préparait à fracasser contre terre le crâne du pauvre enfant, brutalité que l'on n'exercerait pas sur une nichée de chiens voués à la mort. Notre catéchiste parvint à calmer ce père barbare, ce qui consola la mère. Même en Afrique, la mère a du cœur pour son fils.

Sando — tel était le nom du catéchiste — savait néanmoins que l'enfant était condamné à la mort, car les mœurs du pays lui étaient connues. Aussi fut-il baptisé de suite.

Quelques jours après, à une seconde visite, il avait disparu. L'avait-on jeté dans le fleuve voisin, dans le feu ou contre une pierre du chemin ? Mystère. En tout cas, il est sûr que ce père inhumain s'était rendu coupable d'infanticide en trempant sa main infâme dans le sang d'un innocent.

Continuons. Un enfant dont les dents ne sont pas alignées suivant les lois déterminées par les grands féticheurs, est également supprimé.

N'est-ce pas machination diabolique qu'une petite créature, qui a le droit de jouir de l'air, du soleil, de la vie que lui donne son créateur, soit ainsi vouée à la mort ?

Qui comptera les victimes, dont la chair tendre et estimée est offerte à l'appétit bestial des anthropophages ? D'autres encore sont pourchassés dans les bois comme des bêtes fauves afin de servir de gibier aux chasseurs, ou bien sont précipités dans les flots afin que l'on ait le barbare plaisir de les repêcher.

Le malheureux négrillon réussit-il à échapper à tous ces dangers, dans lesquels un grand nombre succombe, sa pauvre vie est loin d'être sauve : l'enfer et les méchants semblent se conjurer pour donner à sa jeune existence une fin misérable ou cruelle.

CHAPITRE III

PREMIÈRE ENFANCE

A peine né, un sort bien dur attend l'enfant africain. La plupart succombent faute de soins. Jugez vous-mêmes si dans les circonstances données, il peut en être autrement.

Dès le premier instant de sa naissance il doit se contenter de la pauvre et dure couchette du noir : la terre nue. Il n'est pas question de linge fin, ni de toutes les tendres prévenances qu'offre à son enfant la mère européenne. Nu comme le ver qui se tord, il est couché comme sa mère, sur le sol, et reste privé des soins les plus élémentaires. A peine a-t-elle déposé le premier baiser sur son front blanc, que la pauvre femme doit le charger sur son dos et accomplir avec lui son travail journalier. Quelle immense différence entre l'enfant noir et ses petits frères et sœurs d'Europe. Pendant que ceux-ci sont couchés mollement dans l'édredon d'un berceau, le petit Africain est juché, enveloppé dans un lange, sur le dos nu de sa mère, dont il suit forcément tous les mouvements. Plus tard il échange ce siège contre la hanche de sa mère, sur laquelle le maintient une large courroie, et ainsi il l'accompagne à l'ouvrage et à l'amusement. Il n'y a que les enfants très forts qui résistent à cette existence fatigante.

CHAPITRE IV

TATOUAGE

La naissance de l'enfant n'entraîne aucune espèce de formalité. Bureaux communaux, registres de naissance et autres, sont choses inconnues dans cette société sauvage.

L'Africain trouve singulier que l'on s'occupe d'une date, ou du temps qui fuit toujours avec la même rapidité. Il ne connaît pas son âge.

Entre 4 et 8 ans, les garçons doivent se soumettre à la douloureuse opération du tatouage que l'on peut considérer comme le premier acte religieux et civil qui s'accomplit. Il consiste à entailler toute espèce de dessins sur son corps. Chaque membre de tribu doit porter l'ineffaçable marque de celle à laquelle il appartient.

Chaque tribu a ses signes particuliers. Les Bassundi ont une ligne transversale partant des tempes jusqu'à leur large nez ; chez les Batékès les mêmes lignes sont parallèles. D'autres portent sur le front ou sur les tempes une fleur, d'autres encore une simple entaille. Plus tard, et seulement si les parents le désirent, ce corps noir est orné par une main artiste de tatouages variés. Les fillettes et les garçons qui se soumettent, par une sotte coquetterie, à d'aussi grandes souffrances, sont fort nombreux. N'y a-t-il pas également en Europe de pauvres créatures qui subissent par vanité un martyre continuel, même au détriment de leur santé. Le vieil Adam perce dans tous les hommes.

CHAPITRE V

NOMS AFRICAINS

Quand les enfants sont tatoués, on leur donne un nom selon l'expression de leur figure. Ils s'appellent envie, colère, paresse aigle, etc., etc. Un de nos élèves s'appelait Jambulo, c'est-à-dire : « laisse », parce que sur les instances de sa mère, qui avait répété à son mari : laisse, laisse, le père barbare avait laissé la vie au nouveau-né.

En général on impose à chaque enfant ce qu'il appelle sa (Nkissi) défense. Ceci se fait sans exception dans toutes les tribus que je connais. Ainsi l'on défend à celui-ci de manger du porc, à celui-là de la chèvre, à un troisième des bananes. Cette défense est observée scrupuleusement, et la fermeté de caractère de notre petit Africain pourrait sous ce rapport, servir d'exemple à maints Européens. Cette étonnante et parfaite obéissance à la loi est basée sur la peur. Le sorcier a prédit que, dès qu'un enfant désobéirait, une partie de son corps serait transformé en l'animal dont on lui a défendu de manger la chair. Ainsi notre négrillon qui doit se priver d'une bonne côtelette de porc, croit que, s'il désobéit, sa bouche se transformera en groin ; celui qui ne doit pas manger de chèvre verra des cornes pousser sur son front, s'il enfreint sa défense. Superstition, bêtise, direz-vous, et vous avez raison. Néanmoins, il est de fait que jusqu'ici aucun Européen n'est arrivé à amener un enfant africain à se mettre au-dessus de cette superstition.

Nos jeunes gens qui ont servi longtemps chez des maîtres européens, s'en moquent naturellement, mais au commencement ce n'est pas sans angoisses. J'ai vu souvent des noirs de caravane affamés, fatigués, se passer plutôt d'un morceau de porc ou de chèvre, que de manquer à leur Nkissi.

Un jour, je voulus engager notre Lwango à manger du fruit défendu, ce fut en vain. Ni promesses, ni menaces ne purent ébranler notre garçon. Que de petits gourmands civilisés de son âge n'eût-il pas confondus par sa fermeté.

Quand la grâce aura remporté la victoire sur ces tristes superstitions, ces enfants seront de vrais héros. La preuve nous en a été donnée par la petite troupe de jeunes martyrs, les premiers de l'Eglise de l'Uganda. Tout le monde sait que là treize enfants ont été liés dans des fagots qu'on alluma, et que dans les flammes ils sont morts comme des saints, couchés en cercle et s'encourageant mutuellement à la persévérance.

CHAPITRE VI

ANNÉES D'ADOLESCENCE

Voilà notre jeune citoyen arrivé à l'âge où il porte les marques de sa tribu, où il a son nom qui le caractérise et son fétiche.

Alors, jusqu'à l'âge de 8 ans, il peut jouir pleinement du printemps de sa vie. Il habite en famille la case paternelle, la bonne Providence lui fournit le pain de chaque jour, et pendant de longues années il a pour tout vêtement les rayons dorés de son magnifique soleil.

Il n'a pas la moindre idée du bon Dieu, de la religion, de la vertu, du beau ciel, récompense des justes. Il ne connaît et ne craint que son misérable fétiche, morceau de bois enveloppé de chiffons comme une poupée, qui est son Dieu. Il n'est question ici ni d'école, ni d'éducation. Et ainsi hélas! l'enfant noir grandit absolument sauvage d'esprit et de cœur.

On pourrait écrire des volumes sur la bêtise et la sotte vanité des nègres. Il est du reste vrai, chez les noirs comme chez les blancs, que, plus l'horizon de l'intelligence est borné, plus celui de la vanité est illimité.

Dès que l'enfant quitte les propriétés de son maître, il porte, pieusement attaché à son bras gauche, ce fétiche, son génie protecteur, son talisman qui doit le préserver de tout malheur, surtout du mangeur d'âmes. Si la misère et la faim ont amené des suites fâcheuses dans ce pauvre corps amaigri, si l'enfant devient malade, alors la sale poupée doit jouer le rôle de docteur. Le pauvre petit a en elle une confiance absolue, quoiqu'il lui doive souvent une mort de martyr.

Le père s'occupe très peu de ses enfants. N'a-t-il pas des affaires bien plus importantes, et voici venir le jour où l'enfant devient un homme.

La première ceinture lui est offerte. Un malheureux chiffon entoure ses hanches, et que de fois ne préfère-t-il pas à cette ceinture, luxe bien inutile à ses yeux, les chauds rayons du soleil.

C'est le moment d'un grand changement dans sa vie. Il va avoir des droits — mais aussi des devoirs. Chaque médaille n'a-t-elle pas son revers?

Dès ce moment, il ne doit plus mettre les pieds dans la cabane de sa mère; elle lui prépare son manioc (pain du pays), mais il doit le recevoir devant la case. Ainsi le veut l'étiquette africaine. Le jeune homme peut vivre auprès de ses frères aînés; s'il est l'aîné lui-même, on lui bâtit une petite demeure dont il devient propriétaire, et son foyer est créé. Il est un homme, et si sa mère ou sa sœur lui demandent un service, il se redresse avec orgueil et : « Suis-je une femme? » leur répond-il. Tout le monde sait que le travail est le partage exclusif du sexe faible, tandis que l'homme perd son temps dans une noble oisiveté.

Pendant que Monsieur assiste aux réunions ou prend part aux chasses ou aux pêches, aux marchés et aux cérémonies, la pauvre sœur et la vieille mère doivent faire tous les travaux des champs et du ménage.

Dès que le soleil a disparu de l'horizon, les femmes, qui toute la journée ont fait le travail de bêtes de somme, arrivent harassées, chargées d'un fagot de bois, et portant sur la tête une amphore remplie d'eau.

Pauvres créatures! Dès son premier âge, la fillette est initiée aux dures pratiques de sa future existence. Souvent elle a à peine huit ans, que déjà elle est vendue à un prétendant et passe à une école plus dure encore afin d'être faite aux devoirs qui l'attendent.

Ainsi se passe la jeunesse de l'enfant libre.

CHAPITRE VII

L'ESCLAVE

Les conditions de la vie d'un esclave sont tout autres. Il naît dans les fers de l'esclavage. Esclave est le titre que lui lègue sa mère également esclave. Peut-on alors s'étonner si l'on trouve au marché l'enfant d'un jour avec sa mère, La maternité de celle-ci augmente sa valeur, absolument comme chez le bétail.

Heureux le pauvre petit être qui peut rester auprès de celle qui lui a donné le jour, privilège duquel sont privés beaucoup d'enfants.

Sa vie et l'existence commune avec sa mère dépendent d'un maître barbare. Selon les caprices inhumains de celui-ci, la mère peut être arrachée aux caresses de son enfant, et par la vente, à tout jamais séparée de lui, ce qui arrive journellement.

O mères aimantes, enfants profondément attachés, pouvez-vous comprendre cette poignante douleur de la séparation à jamais ?

Vos âmes créées par Dieu pour une mutuelle et tendre affection, peuvent à peine supporter la pensée d'une absence momentanée... Pensez à ce marché d'esclaves, à la séparation de la mère et de son enfant... et cela pour toujours... Nous ne voulons pas parler de sa misérable vie, de sa faim, de son abandon. Nous ne voulons rien dire des épouvantables plaies dont le fouet d'un maître inhumain a lacéré son dos décharné. On a dit et écrit beaucoup sur ces choses — oui beaucoup, — mais quand on voit la réalité, on comprend que l'on n'en pourra jamais dire assez.

Si la vie de l'esclave est une chaîne non interrompue de douleurs, son trépas en est le digne couronnement. La superstition africaine exige qu'à la mort du maître le pauvre enfant le serve encore dans le royaume du « Cujus », mauvais esprit. Pour que ce service ne souffre aucun retard, d'après les ordres du prêtre du fétiche, on enterre vivant l'esclave auprès de son maître. Voilà jusqu'où s'étend l'œuvre satanique.

CHAPITRE VIII

LE MANGEUR D'AMES

On sait que le noir intelligent ne croit pas à la mort naturelle. D'après sa superstition, un mauvais génie pénètre dans le corps humain et en ronge l'âme peu à peu. Cette action constitue une grave offense envers la famille du défunt, et celle-ci crie vengeance. Il s'agit donc alors et avant tout de découvrir ce mystérieux mangeur d'âmes. La tâche paraît difficile, mais l'infâme *Ganga*, féticheur, l'a rapidement accomplie. On accuse des esclaves, hommes ou femmes. Ils peuvent se défendre, mais ils sont condamnés d'avance. Du reste le Ganga a entre les mains un petit moyen de contenter sa cupidité et ses désirs de vengeance. Quel est-il?

Un poison, préparé avec l'écorce d'un arbre nommé Nkassa. Quelques gouttes de cette substance mortelle tuent immédiatement celui qui les boit, tandis qu'une plus grande quantité force tout simplement l'estomac à la rendre.

Ce vomissement est chez les noirs la preuve irréfutable de l'innocence de la pauvre victime, tandis que la mort la déclare coupable.

Son existence est ainsi à la merci d'un imposteur, et tous les jours des milliers d'innocentes créatures sont ainsi sacrifiées. Les enfants ne sont jamais accusés d'être mangeurs d'âmes, le code des noirs le défend. Cette écœurante superstition est souvent cause de la déclaration de guerre entre deux villages, deux districts, même entre deux tribus.

Il y a peu de temps, j'achetai deux petits garçons de quatre ans. Leur prix allait servir à payer l'âme que leur mère devait avoir mangée.

A l'exemple du divin Maître, le missionnaire sacrifie avec joie tout ce qu'il a, sa vie même pour réagir contre ces honteuses pratiques et, pour l'aider, de pieux chrétiens ne reculent devant aucun sacrifice.

Pour sauver ces âmes, des milliers d'enfants européens offrent l'argent destiné à une friandise et s'enrôlent dans la belle œuvre de la Sainte-Enfance. Que de bien on a déjà fait dans cette association! Que d'enfants, Dieu en soit éternellement loué et béni, j'ai déjà pu racheter avec ses offrandes. Ah! combien je voudrais que nos généreux donateurs fussent une fois témoins de l'indicible misère de l'enfant africain, et aussi du bonheur sans nom de ces pauvres petits, échappés au couteau exterminateur des anthropophages, pour avoir une idée du bien qu'ils font.

Je félicite tous les pieux parents, qui font inscrire de bonne heure leurs enfants dans l'Association de la Sainte-Enfance, tandis qu'eux-mêmes sont enrôlés comme des apôtres, dans les belles œuvres de la Propagation de la Foi. Je puis à peine admettre que l'on soit un bon chrétien et qu'on reste froid ou indifférent devant ces œuvres, qui ont un but si élevé.

Ces œuvres, enrichies par l'Église de nombreuses indulgences, font de vrais miracles. Des milliers d'âmes sont sauvées par elles, des torrents de larmes sont séchées, et d'innombrables chaînes brisées.

Si je pouvais vous exprimer quelle joie, quelle suprême jouissance j'éprouve en pensant que ces bonheurs sont le résultat de vos sacrifices, petits individuellement, mais qui, réunis, forment de si importants secours.

En dehors de ces résultats consolants pour les pauvres noirs, ces œuvres offrent de grands avantages pour les membres eux-mêmes.

Comme je l'ai déjà dit, beaucoup de nos petits meurent tout de suite après leur baptême, et vont au ciel, chargés d'être les gardiens de leurs bienfaiteurs, à qui ils doivent leur paradis. Quels délicieux rapports... Chers enfants, ne vous privez pas de cette joie!

CHAPITRE IX

MOEURS AFRICAINES

Les mœurs africaines sont si horribles qu'elles semblent défier toute description. Je préfère vous citer un exemple dont j'ai été le témoin oculaire. Vous jugerez vous-même jusqu'où va la cruauté dans ces tristes régions.

Un pauvre père de famille était criblé de dettes. N'avait-il pas été prudent ou était-il tombé entre les mains d'usuriers, je ne sais. Bref, le malheureux fut pris à la gorge par ses débiteurs inhumains, et on lui dit : « Paie ce que tu dois. » Comme il ne le pouvait pour le moment, il fut lié à un arbre, et devant ses yeux, on vendit ses pauvres hardes. Après elles, ce fut le tour de ses enfants, puis celui de sa femme, enfin on le vendit lui-même. Toute la famille devint esclave ! En quelques heures de temps, ces tyrans avaient détruit un paisible foyer et éparpillé ses membres aux quatre vents. Le cœur me saignait, mais je ne pus aider... Je n'avais pas d'argent.

La vente des enfants est chose toute naturelle au pays des noirs.

Presque tous les levers du soleil sont témoins de scènes qui font dresser les cheveux. Des tigres à face humaine arrachent des bras d'une pauvre mère son petit enfant, sa seule et unique consolation. Elle est condamnée à lui voir mettre, comme à un chien, la corde au cou pour le conduire au marché.

Afrique, misérable terre, quel terrible joug la malédiction de Noé a mis sur tes épaules ! Enfants d'Europe, quelles hymnes de reconnaissance, de louange et d'amour ne devez-vous pas à Dieu, l'auteur de votre heureuse existence !

CHAPITRE X

LE MARCHÉ D'ESCLAVES

Abordons cette colline nue, cette place du marché où se commettent tous ces crimes.

A côté du porc se trouve, enveloppé de pauvres haillons, l'enfant, l'image de Dieu.

Un ruban vert qui entoure sa tête rasée, indique qu'il est à vendre.

Il est examiné plus scrupuleusement que la bête, et devant lui, le marché se conclut. Il doit entendre maint jugement sur sa chétive et pauvre personne, sur des défauts vrais ou inventés à plaisir, honte qui au moins est épargnée aux bestiaux.

Le cœur du missionnaire se brise quand, après avoir donné tout ce qu'il possède pour le rachat de ces petits, il en voit d'autres encore qui le regardent d'une façon si suppliante, si malheureuse, et lui crient : « Homme blanc, achète-moi » !.... et l'enfant doit rester là, attendre un autre maître, et quel maître !... Nous, nous n'avons plus rien, nous ne pouvons l'acheter. C'est ce qui se trouve de plus dur dans la vie du missionnaire.

Il y a quelques années, je vis, couchée au bord du chemin, une pauvre femme; son nourrisson était à côté d'elle, et tous deux étaient à demi-morts de faim.

Je la relevai et la conduisis à la Mission. Là elle fut ravivée, réconfortée, soignée. Nous ne l'avons pas renvoyée, et elle a reçu la grâce du saint Baptême. Aujourd'hui la surveillance de nos fillettes est confiée à notre bonne Mère Thérèse, JUSQU'AU MOMENT BÉNI ET TANT DÉSIRÉ OU NOUS POURRONS AVOIR DES SŒURS MISSIONNAIRES POUR LES PETITES ORPHELINES DU CONGO.

Et pourtant il y a encore un sort plus terrible que celui d'être vendu au marché. C'est celui de l'esclave destiné à être engraissé, pour servir de friandise dans une fête, à la table royale d'un anthropophage. Dans le haut Congo c'est le sort de la plupart des enfants de 6 à 16 ans. Chez les Ubanghis, on conduit journellement des charges entières de ces victimes à l'engraissage ou à l'abattoir. Chez les habitants de ces régions, la tribu des Bonjas, la chair humaine est un mets exquis, une délicatesse. On la préfère à toute autre nourriture, et c'est là la monnaie avec laquelle on achète l'ivoire. Aussi peut-on affirmer avec Stanley, que l'ivoire est toujours taché de sang humain, parce qu'il est le prix d'un immonde commerce et d'indicibles vices. Pour un kilo d'ivoire on tuera une famille : mari, femme et enfant; pour dix kilos, des villages entiers disparaissent.

Plusieurs de nos enfants, garçons et filles, appartenaient à ces tribus. C'est grâce aux missionnaires qu'ils ont échappé à une terrible mort, car nous les avons rachetés avec les aumônes que nos bienfaiteurs nous ont envoyées. En écoutant les récits de ces pauvres petits sur ces boucheries barbares, nous avons eu bien des fois le frisson !...

Mais retournons à notre enfant.

CHAPITRE XI

INSTINCT DE CONSERVATION

La cruauté africaine l'a privé de sa mère, son père n'existe plus, et il ne sait rien du meilleur des pères qui est là-haut dans le ciel. Il est donc inutile de dire que ses jours sont tristes et remplis d'épreuves.

Heureusement mère nature a singulièrement doué le Noir en fait d'instinct de conservation ! Là où maint jeune Européen périrait inévitablement, l'enfant d'Afrique se fraie vaillamment son chemin.

Comme le petit animal, il discerne instinctivement ce qui lui est utile et ce qui lui est nuisible. Sa nourriture quotidienne est sa principale préoccupation, à laquelle il consacre toute sa journée. Il en fait l'objet d'une attention toute spéciale.

Aucune sauterelle qu'il peut attraper ne lui échappe. En un clin d'œil elle est prisonnière dans une feuille que le petit lui a préparée de main de maître. Un charbon ardent et le rôti est prêt. Depuis la chenille grasse et savoureuse, habillée élégamment de velours vert, jusqu'à la fine demoiselle, qui heureuse de vivre, se balance sur les hauts herbages; depuis le grillon, habitué en Afrique à chanter sans souci et à se laisser facilement attraper par notre jeune chasseur, jusqu'au termite, gras insecte ailé que l'enfant guette quand il s'envole le soir ; tous lui fournissent une table riche et abondante.

A mesure que notre petit seigneur grandit, il s'attaque aux rats et aux souris, et occupé uniquement de son importante personne, il devient leur ennemi implacable. Même à l'oiseau qui gazouille sur la verte branche, le petit rusé présente sa perche engluée, et l'imprudent oiseau va s'y poser sans méfiance.

D'un autre côté, notre petit homme cache bien adroitement ses filets fabriqués de ses propres mains, dans le ruisseau argenté qui coule là-bas dans la forêt vierge. Parfois, pour plaire à un pêcheur affamé, un petit poisson dévoué, fatigué de vivre, vient s'y faire prendre.

Mais non seulement les chenilles et les grillons, les rats et les souris, les oiseaux et les poissons, font vivre notre enfant d'Afrique; il est végétarien, et la nature des tropiques se montre pour lui dans toute son opulence.

Dans la forêt et dans la plaine, les arbres et les bosquets rivalisent de générosité et offrent au pauvre petit leurs tendres feuilles. Son pain est une racine appelée manioc, que des négresses tirent journellement de terre, pulvérisent et sèchent au soleil.

Sans avoir la moindre éducation, l'enfant d'Afrique n'est pas sans intelligence pour son entretien ; s'il s'agit du com-

merce, il peut être mis en parallèle avec les fils d'Israël. Comme
eux, il commence souvent sa carrière qui le conduit aux millions, par le commerce d'épingles, d'aiguilles, de peaux de
lapin. Avec la petite souris légère, le pauvre petit poisson, l'imprudent oiseau, il se pose comme marchand au milieu de ses
compagnons. Si dame fortune lui sourit, il entreprendra de
plus importants négoces.

Il fait des échanges. et son talent pour placer sa marchandise, n'est pas contestable. Que d'Européens qui songeaient
nuit et jour au moyen d'abuser de sa candeur ont donné dans
le piège qu'eux-mêmes lui avait tendu.

Souvent, quand je résidais encore à Linzolo, une de ces petites
têtes crêpues vint à la mission envoyée par sa mère pour nous
vendre la provision quotidienne de manioc. Je voulus sonder
le bonhomme et lui offris pour sa marchandise un prix inférieur à celui que nous payions habituellement : « Crois-tu que
« parce que je suis petit, me répondit-il fièrement, je vais
« te vendre mon manioc moins cher. Si ma mère était venue,
« tu lui aurais certainement payé ton prix habituel. Tu ne
« l'auras pas pour une perle de moins. » Sur ce, il reprit ses
pains et voulut s'en aller, mais je le rappelais pour lui donner le prix désiré.

Pour ce qui regarde les capacités corporelles, ces enfants
sont doués d'une adresse incroyable. Pour la nage, ils rivalisent avec les canards de leurs rivières et de leurs torrents ; ils
courent comme les légères antilopes de leurs savanes ; ils grimpent comme des singes. On chercherait en vain leurs pareils
quand il s'agit de suivre la piste de quelqu'ennemi ou de quelque gibier.

Aussi ne vous étonnerai-je pas en vous disant que devant ces
garnements, uniquement occupés à guetter des moyens d'existence, aucune créature ne se sent plus en sûreté, même dans
l'élément qui lui est propre.

CHAPITRE XII

NATURE DU NOIR

Nature déchue, nous avons, hélas ! en naissant plus de
mauvaises qualités que de bonnes, et celles-ci sont encore bientôt étouffées par l'ivraie du mal, si l'on n'y veille.

Et cette ivraie, personne ne songe à la détruire en Afrique!

Le mensonge, par exemple, est tellement cultivé et pratiqué, qu'il est passé à l'état de vertu nationale.

Le lien qui unit les parents aux enfants est fort lâche : la polygamie et l'esclavage en sont les causes.

Quoique l'Africain soit colère et emporté, et qu'il sente du feu dans ses veines, il n'est jamais question de suicide, de meurtre, de rancune, de jalousie ou de vengeance bestiale. Je ne connais pas d'exemple où un enfant ait attenté à ses jours, tandis que nous lisons ces crimes à peine croyables fort souvent dans les journaux du monde civilisé.

Il en est de même du vol et de la haine ; le noir n'y songe pas, ce qui lui donne encore une supériorité sur l'Européen, et toujours, après une querelle, le naturel bon enfant de notre négrillon qui oublie vite, reparaît subitement comme le soleil après un orage.

Comme il est exempt de ces fautes capitales, il paye un tribut d'autant plus large à la paresse, péché aussi fréquent peut-être chez nos enfants blancs.

CHAPITRE XIII

LA FUNZA

La Funza est une terrible conséquence et même une punition de la paresse du noir. Elle produit une douloureuse maladie qui tourmente les enfants d'Afrique et étend souvent sa contagion aux Européens.

La Funza est un insecte importé en Afrique par un bateau qui est arrivé du Brésil au Congo, chargé de sable, qu'au lieu de jeter à la mer, à Boma, on a employé à des constructions. A partir de ce jour, l'Afrique comptait une plaie de plus. Longtemps la Funza resta dans le bas Congo, mais les relations des différentes tribus la répandirent jusqu'aux grands lacs.

Les noirs, dont la superstition embrasse tout, inventèrent une légende, qui attribue la création de la Funza à de puissants féticheurs, qui désiraient se venger des marchands d'esclaves arabes.

Cette puce se loge entre les orteils, elle pénètre sous la peau et occasionne des démangeaisons insupportables. Elle couve des milliards d'œufs imperceptibles à l'œil nu, ce que lui facilite la sale paresse des noirs. Des soins sérieux et répétés peuvent seuls conserver ses membres à l'enfant. Malheur à celui qui les néglige. J'ai vu des garçons à qui ce puceron avait rongé complètement les doigts de pied. Les parties charnues étaient remplies d'humeur et de sang et ressemblaient à une éponge. Nous pouvions les leur couper avec les ciseaux ou un couteau sans qu'ils en ressentissent aucune douleur. C'est une opération dégoûtante mais absolument nécessaire, que le missionnaire fait volontiers par charité pour le malade.

Le meilleur moyen de combattre ce mal est de tenir sa demeure irréprochablement propre, parce que la Funza aime à vivre dans la poussière. Elle ne reste jamais dans les maisons pavées.

En ce qui concerne les pieds, il faut les visiter scrupuleusement à la moindre démangeaison, et la poche dans laquelle l'insecte dépose ses œufs, doit être enlevée sans la déchirer. Les Européens lavent la plaie avec de l'acide phénique ou de la teinture d'iode, et ainsi le développement des œufs est arrêté. Pour les indigènes, nous employons les feuilles des bananiers de deux façons. La première est de tenir pendant 24 heures, le pied malade enveloppé dans ces feuilles. Ce temps suffit pour tuer les Funza, et les poches des œufs peuvent facilement être enlevées. Sans ce procédé les pieds des enfants seraient bientôt rongés entièrement.

La seconde manière d'employer ces feuilles est d'en faire une forte décoction et d'y baigner les pieds malades jusqu'à la guérison.

CHAPITRE XIV

TRAVAUX APOSTOLIQUES

Malgré toutes ces misères, malgré le découragement que peuvent inspirer ces créatures placées si bas sur l'échelle sociale, le missionnaire embrasse avec enthousiasme la tâche grande et difficile de leur régénération.

Il n'est pas dans le monde entier de peuple qui ne soit susceptible d'être évangélisé. Dieu, en faisant l'homme, imprime à son âme sa propre image. Quelque défigurée qu'elle soit par la boue du péché, la grâce toute puissante peut toujours lui rendre sa première fraîcheur. L'histoire nous en fournit la preuve la plus claire.

Un regard vers les temps anciens nous montre d'une part ce qu'était le monde avant la naissance de Jésus-Christ et de l'autre la merveilleuse transformation que le Christianisme a opérée.

Dieu a confié aux missionnaires, ses travailleurs et ses artistes, la restauration de son image dans les âmes, en leur disant : « Décrassez cette image, vous trouverez mon emblême en dessous. » Comme la pauvre Afrique ne peut être transformée que par les jeunes générations, c'est vers elles que se porte avant tout l'attention du missionnaire. L'éducation chrétienne est donc la base de l'entreprise apostolique. Aussi y a-t-il dans chaque mission une école où nous instruisons cette jeunesse et en formons de bons chrétiens et des hommes utiles. Nous l'avons déjà dit : le petit nègre est par nature très paresseux, défaut qu'augmente encore le climat torride de sa patrie. A nous alors la tâche de lui faire comprendre le proverbe : « La paresse est la mère de tous les vices. » Pour remédier à ce mal, nous organisons les classes de façon à le faire étudier pendant les heures où la chaleur est la plus pénible ; le matin et le soir nous l'occupons à un métier ou aux travaux des champs.

Notre programme d'études est semblable à ceux adoptés en Europe. En dehors de leur langue indigène, les missionnaires enseignent aux élèves de la côte le français et le portugais. Mais à l'intérieur où le contact des Portugais est rare, on ne leur apprend que le français. Ces enfants apprennent les langues étrangères avec une facilité étonnante. A Buanza nous avions des petits garçons de dix ans qui étaient employés comme commissionnaires dans des factoreries françaises, portugaises et anglaises et qui parlaient facilement les trois langues.

La difficulté, c'est le calcul ; vous ne pouvez vous faire une idée de la peine que nous avons de mettre les quatre règles de l'arithmétique dans ces têtes dures. Cela va-t-il mieux en Europe ? Si on faisait un concours pour les branches secondaires, telles que le chant, la gymnastique, la natation, certainement nos Africains auraient les premiers prix. Tous les méridionaux sont nés gymnastes, et le chant et la musique sont leurs plaisirs favoris.

Nos exercices religieux sont rehaussés par le chant de nos jeunes chrétiens; aussi rien n'est touchant comme d'entendre, à plusieurs milliers de lieues de la patrie, dans notre langue maternelle, les airs chantés pendant notre jeunesse. Les enfants de chœur sont surtout bien pieux et bien attentifs à leur service à l'église; jamais il ne sont irrévérencieux. Ils ont le plus grand respect pour le Dieu caché dans le Très Saint-Sacrement. Le baptême et la première communion sont à leurs yeux des actes si grandioses, qu'ils ne peuvent jamais assez s'y préparer. Le catéchisme est toujours récité sans faute.

La langue du Congo est le fiote. Nos honorés lecteurs et lectrices apprendront avec plaisir comment on récite le *Pater* au Congo. Cela leur fera entrevoir la peine qu'a le missionnaire de se faire comprendre. Que dire des difficultés qu'il aura de leur faire saisir les éléments d'une langue étrangère!

† Nu nkumbu i a Tata, i a Muana, na, i a Spiritu Saintu. Amen.

Tat'éto, nglseie kele ku zulu, nkumbu i aku i a ba, lu-tumu lu aku lu iza, mana u zolele ku iidaka a nsi buna ma iidikila ku zulu. Tu andika ki-lum-bu ki aki bi-dia bi éto bi kadi ki-lumbu, tu ka-kula ma sumu éto, buna tu ma katudila ké bana ba-tu bunduli na i ambula pelé tu bua muna di sumu kaku kakula muna mbi. Amen.

Meno kunda ngheie, Maria, u a fuluka na grassa Nsambi kéle na ku ngheie vio késse bakento b'onso muna grassa na muna nkémbo.

Santa, Maria, Mama Nsambi, tu sabila Nsambi béto, baka ma-zumu, abubu na muna nlangu lu-fua lu éto. Amen.

Voilà le *Pater* en langue fiote.

Quoique différents de ceux d'Europe, nos prix de classe n'en sont pas moins intéressants. Les petites filles sont heureuses comme des reines quand elles reçoivent des aiguilles, des crochets, de la laine, du fil, des ciseaux, des cahiers, des livres de prières et autres, des robes de toutes façons. Ce sont en général des cadeaux de religieuses dévouées ou de bonnes petites pensionnaires, âmes bénies, qui au ciel recevront leur récompense de Celui qui rendra au centuple le verre d'eau offert à un pauvre. Je ne vous dirai jamais combien le cœur du missionnaire déborde de reconnaissance quand un envoi de ce genre lui arrive (1).

Les garçons reçoivent des couteaux, des haches, des pioches, des cotonnades, des pantalons, des outils de toute espèce. Tous les enfants sont là pêle-mêle : esclaves rachetés, princes, riches viennent à l'école avec l'intime confiance que pour les missionnaires le ciel fait pleuvoir de l'argent.

Le pauvre doit être tout à tous, pour les gagner tous à Jésus-Christ. Mais procurer journellement la nourriture et les vêtements à des centaines de ces enfants-là n'est pas une petite affaire dans la lointaine Afrique, où le moindre envoi donne lieu à des complications dont on ne se fait pas d'idée et occasionne des frais considérables.

En Europe où l'on peut avoir pour de l'argent en une heure tout ce qu'il faut pour la vie, il est impossible de se figurer notre situation. Le missionnaire qui fait vivre son œuvre des offrandes de pieuses associations et de généreux donateurs, doit commencer par changer cet argent contre les objets qui plaisent à l'Africain et l'attirent ; par exemple des étoffes, des couteaux, des instruments aratoires, des glaces, des clochettes, de la verroterie de toute espèce. La farine, les denrées, le sel, en un mot ce qui constitue les aliments les plus ordinaires doit venir d'Europe et tout cela occasionne des frais très onéreux. Expédiée par chemin de fer, dans les ports de mer, la cargaison est chargée par les bateaux africains et déposée après six semaines à la côte. Ici commencent de nouvelles difficultés. Il faut louer à chers deniers une caravane de noirs, qui deux à deux, chargent sur leurs épaules une caisse et la portent jusqu'à la Mission. Le voyage par les forêts vierges, par des sentiers escarpés et que jamais pied humain n'a foulés, dure 10, 20, souvent 30 jours.

(1) *P. S.* — On recevra avec reconnaissance tous les dons pour la mission, tel que : ornements d'église, argent, objets en métal, couteaux, ciseaux, fusils, ustensiles de jardins, livres de prière et de classe, des verroteries, des perles, des vêtements portés, à Paris, 30, rue Lhomond, Maison-Mère des Pères du Saint-Esprit avec indication sur l'adresse : au profit de la Mission du Congo, à Nancy, rue Saint-Dizier, à la Maison-Mère des Sœurs de la Doctrine chrétienne, avec indication sur l'adresse : Au profit de la Mission du Congo.

Si les caisses pèsent plus de 30 kilos, les noirs entêtés les jettent sans embarras par terre et refusent de les porter plus loin sans un supplément de paye   .

Enfin l'envoi arrive à la Mission : la joie n'a pas de bornes!... Le missionnaire sait que d'ici un certain temps, il est à l'abri du souci et ce bonheur dépasse toute description... Mais hélas! que de choses sont cassées ou gâtées pendant ce long et pénible trajet.

Voyez maintenant, heureux enfants d'Europe, comme vous avez la vie facile, vous qui êtes entourés non seulement de tout ce qui vous est nécessaire, mais encore de ce qui vous est agréable.

CHAPITRE XV

CHASSES AFRICAINES

La terre d'Afrique nous fournit la précieuse racine de manioc, qui est pour nous le pain de chaque jour, puis des patates et des haricots ; mais cela ne suffit pas. Nous sommes obligés de recourir aussi souvent que possible au fusil pour procurer du gibier à nos enfants. En général nous en rapportons de nos tournées apostoliques. Les singes sont en grande quantité dans nos bois ainsi que les pintades et les perdreaux. Mais qu'est cela pour tant d'estomacs creux! Il n'y a pas mal de buffles dans notre voisinage, mais ils sont difficiles à abattre et toujours prêts à éventrer et à piétiner le chasseur.

L'éléphant est d'une prise plus facile. Il est regrettable que sa peau soit si épaisse et rebelle à la balle. C'est du reste un animal fort doux qui succombe immédiatement, si l'adroit chasseur le frappe au coin de l'œil. Alors la bonne bête a au moins la satisfaction d'avoir été utile à la jeunesse et d'avoir fourni gratis au garde-manger près de 2,000 kilos de viande.

L'hippopotame qui nous regarde de ses gros yeux hébétés, est facile à tirer et nous donne également quelques centaines de kilos de viande.

Malgré tout la chasse de ces animaux est toujours entourée de quelques dangers.

Nous fumons leur viande qui nous est précieuse toute l'année.

CHAPITRE XVI

VILLAGES CATHOLIQUES

Apprendre aux enfants le vrai et le bien est notre but. Ils comprennent du reste eux-mêmes la différence d'une éducation chrétienne d'avec celle de leurs misérables superstitions, et ainsi notre genre de vie les attire. Ils s'approchent tous les jours de nous davantage, et sont touchés de voir baptiser de pauvres petits enfants qui vont mourir et devenir par leur baptême les intercesseurs de leurs frères auprès du trône de Dieu.

Pour ce qui concerne les autres, ils sont préservés de la corruption générale et formés à la vie chrétienne et à la vie active des champs, ou bien ils embrassent un métier.

Quand le jeune homme est d'âge à se marier et s'il exprime le désir de se créer un foyer, il choisit une compagne parmi nos jeunes filles. La Mission fait cadeau au jeune ménage d'une cabane et d'une pièce de terre et ainsi se forme une famille modèle, et bientôt un village chrétien. Ces villages coûtent naturellement fort cher.

Mais quelles bénédictions descendent du ciel sur les âmes généreuses qui nous envoient cet argent (4 ou 500 francs) pour la fondation d'un village qui alors naturellement porte le nom du donateur ou de la donatrice. Nous rachetons un enfant esclave avec 50 à 80 francs.

Quel bienfait pour l'Afrique et pour le salut des âmes, quand dans ce malheureux pays se trouvent des contrées, où demeurent non plus Satan et ses acolytes, mais bien Dieu et son divin Fils dans le Très Saint-Sacrement de l'autel.

D'autre part, il y a des jeunes gens noirs plus doués, capables de faire des études, qui veulent travailler au salut de leurs compatriotes en devenant Frères ou Pères missionnaires. L'année dernière notre bien-aimé pasteur, Mgr Carrie, a imposé les mains aux deux premiers séminaristes noirs qui se destinent à la prêtrise. Pour le moment nous avons 15 élèves dans notre petit séminaire, 10 dans le grand.

Le noviciat des Frères a également trouvé des travailleurs zélés, et le jeune couvent de Sœurs a eu sa première prise d'habit cette année. Nos catéchistes sont de pieux laïques noirs, qui tantôt nous aident à enseigner le catéchisme, tantôt sont instituteurs. Voilà les premiers succès de nos travaux.

Nous rencontrons de belles, de grandes âmes parmi ces noirs. Les enfants, premiers petits martyrs de l'église de l'Uganda et maints autres dont nos archives relatent les actions héroïques, le prouvent. Permettez-moi de vous en citer quelques-uns.

CHAPITRE XVII

MARIE, ROSINE, MAJOLO

Marie a seize ans. Elle refuse toute alliance terrestre pour se donner entièrement à l'Epoux céleste. Méprisant les menaces, elle est condamnée à être enterrée vive. La courageuse enfan descendit dans la tombe que lui avait préparée une main païenne.

Une autre sainte, la petite sœur de Marie, âgée de 5 ans, fut martyrisée avec elle. Avant leur mort, la sœur aînée dit ces admirables paroles : « Vive Dieu! bourreau, accomplis ton œuvre. »

Après Marie, je vous présente Rosine, dont le sacrifice n'est pas moins héroïque.

« Rosine, lui dis-je un jour pour éprouver sa vertu, mes lépreux de l'île d'en face sont souffrants de corps et d'âme parce que je ne puis les visiter qu'une fois par semaine. Il leur faudrait un catéchiste. » — « Je vous remercie, me dit la vaillante jeune fille, d'avoir songé à moi pour cette charge. Quand pourrai-je m'y rendre? » Je sentis mon regard se voiler d'émotion, et je lui dépeignis, sous les couleurs les plus vives, les horribles détails des nouveaux devoirs auxquels elle se soumettait : entière séparation du monde, être pour ainsi dire enterrée vivante avec les créatures les plus écœurantes, privations de toutes espèces. Ce fut en vain.

Elle s'arracha des bras de ses riches parents adoptifs, qui l'aimaient comme leur fille, et prit le chemin du triste asile des lépreux, pour ne plus le quitter. « Notre-Seigneur est descendu du ciel, a souffert, est mort pour nous, dit-elle avec enthousiasme, et moi je n'aurais pas le courage de faire un sacrifice pour des âmes aussi chèrement rachetées! Mais qu'est mon sacrifice comparé au sien! »

Majolo, le fils d'un chef, vint dès la création de notre école
de Linzolo s'y présenter comme élève, dans la pensée d'offrir
ses services à un Européen afin de s'enrichir.

A peine le jeune païen eut-il été régénéré dans les eaux du
saint baptême, que la grâce opéra un changement total dans le
cher enfant.

A partir de ce moment, il chercha à s'enrichir au service
d'un autre maître. Dieu et son âme furent son unique préoccupation. Après sa première communion, il demanda à entrer au
noviciat de nos Frères indigènes, voulant procurer la grâce de
la conversion à ses compatriotes.

Malgré les promesses par lesquelles sa famille voulut le
tenter, cet enfant de 14 ans persévéra dans sa résolution, em-
brassa pour la dernière fois sa vieille mère, et prit le chemin
de la côte où se trouve le Noviciat. Là il édifia pendant quelques mois ses compagnons par sa foi et sa piété. Mais bientôt
il fut saisi d'une fièvre maligne, et mourut de la mort du juste,
portant immaculée la robe blanche de son innocence baptismale
devant le trône de Dieu.

Il me serait facile de vous citer d'autres exemples, qui vous
prouveraient qu'il y a en Afrique des âmes qui méritent que
vous continuiez à leur faciliter par vos prières et vos aumônes
la grâce de la conversion.

Vous en ferez des saints, de grands saints, et serez ainsi missionnaires en Europe, aidant à soutenir les missionnaires
d'Afrique, vos frères.

CHAPITRE XVIII

LA MISSION DU CONGO

Avant de terminer, vous voudrez bien me permettre, honorés lecteurs, de vous présenter en quelques lignes ma petite
patrie congolaise.

En construisant une maison africaine, les missionnaires
doivent naturellement tout faire eux-mêmes. Ils abattent dans
la forêt les arbres qui leur sont nécessaires, les scient et les
rabotent. Comme il n'existe pas de pierres, il faut se procurer
de la terre à briques, la mettre en forme et la cuire. Les fenêtres
consistent simplement en des ouvertures sans encadrement ni

vitres. Tout cela est ouvert pendant le jour et fermé la nuit par un pauvre volet, chargé de préserver les habitants de l'attaque des bêtes fauves. Les parois intérieures sont couvertes de moustiques et d'autres mouches vénéneuses qui à elles seules forment une légion de petits bourreaux. Chaque maisonnette est isolée, de peur d'incendie.

La maison qu'habitent les Pères et les Frères comprend une cellule pour chacun. Les lits sont dressés de la façon la plus simple : quatre pieux hauts de 20 centimètres sont enfoncés en terre ; on étend dessus une toile à voile, et le lit est prêt. Les missionnaires ont pour tout bagage une couverture de laine qui ne les quitte jamais. Ils se passent de toute autre literie.

Les dortoirs des enfants, les classes et les ateliers sont des constructions détachées, ainsi que le magasin à provisions et la chapelle. L'autel, le tabernacle, les bancs d'école, tout doit être travaillé, coupé, raboté par les Pères, qui doivent ainsi exercer tous les métiers, jusqu'à ce que la mission soit prête pour recevoir des enfants, des catéchistes et des malades qui viennent ici réclamer des médicaments et des soins. Les lits des enfants sont de simples nattes. Un des plus grands garçons est chef de cuisine. Quelques pierres forment le trépied primitif sur lequel trône la marmite.

Le menu est naturellement toujours le même : du manioc, des haricots, du riz. Par ci, par là apparaît une gigue de chèvre, ou même une poule, les deux seuls animaux domestiques qui supportent le climat africain.

Que de fois j'ai surpris notre jeune cuisinier mettant au pot la pauvre vieille poule, sans la tuer, sans la vider et sans la plumer. Ceci vous donne la mesure de ses talents culinaires, et des repas de Lucullus que font les missionnaires.

L'an dernier, le jeune marquis d'Uzès nous a fait l'honneur de visiter notre Mission. Heureusement nous possédions un cabri et un peu de salade dans notre jardinet. Fiers de nos provisions, nous préparâmes la table de notre hôte distingué ; sa reconnaissance nous rendit heureux ! Mais bientôt l'affreuse fièvre africaine s'empara de cette jeune nature peu habituée aux privations, et un de nos Pères accompagna en Europe la dépouille mortelle de cet explorateur.

Nous suivions avec une douce satisfaction l'achèvement de nos constructions, quand le Ciel nous envoya une terrible épreuve ! Nous avions choisi, pour nous y établir, une belle vallée, et la maison et le jardin étaient prêts avant la saison des pluies. Quand elles vinrent, elles tombèrent par torrents terribles qui emportaient tout devant eux. Nous vîmes disparaître avec terreur notre jardin, nos semences, nos pauvres légumes, dans un marais insondable !... Pauvre Mission ! que de travail perdu ! plus de manioc, plus de nourriture pour toute une année... Comment faire pour vivre ? Que servir aux enfants ?

Le hideux spectre de la faim grimaçait autour de moi pendant mes nuits blanches !... Seigneur, ayez pitié de moi, de nous tous, de cette mission confiée à mes soins ! Mon Dieu, miséricorde !...

Mais Dieu est le maître, il veut que nous le bénissions dans la peine et dans la joie...

Quand les eaux se furent retirées, nous vîmes les ruines de nos travaux et de nos espérances. Il ne restait qu'un marécage, duquel s'élevaient des vapeurs pestilentielles. Ces vapeurs tuèrent un de nos Frères. Elles me mirent moi-même dans un état de santé si triste que, faible et misérable, je dus prendre le chemin de la côte porté par des noirs. Un peu reposé, je les congédiais à mi-chemin, et continuais ma route à pied, accompagné d'un petit enfant. A peine étais-je livré à ma propre faiblesse, que toutes mes forces s'évanouirent, et seul avec cet enfant, je restai couché dans la forêt vierge sans secours ni soins.

« Le Seigneur m'appelle », me dis-je, préparons-nous ; et j'écrivis au crayon sur un bout de papier mon adieu à la chère Mission et à mon Évêque. — Mais le repos fit son effet sur mon corps affaibli, et je pus lentement reprendre le chemin de la côte, où Mgr Carrie me reçut avec une affection paternelle.

Pendant les tristes semaines que je restais couché ici, attendant le médecin, un envoi arriva de Paris expédié par l'OEuvre des Missionnaires d'Afrique. Il contenait quelques provisions de bouche, que j'accueillis avec des larmes de reconnaissance. Alors je reçus la visite si désirée du médecin, et, malgré mes prières et mes supplications, je fus condamné à venir respirer l'air natal.

Adieu donc, chère Afrique, enfant de mes soucis, toi qui es si sévère pour ceux qui ne veulent que ton bien !

Le voyage fut long, j'ai beaucoup souffert, et maintenant

j'attends ardemment l'heure où je pourrai retourner à mes chers noirs, auprès desquels je veux vivre et mourir.

CHAPITRE XIX

AUX ENFANTS D'EUROPE

Aidez-nous, âmes pieuses d'Europe, notre œuvre est votre œuvre ! Aidez-nous, car par ce secours béni de Dieu, vous échapperez certainement aux dangers de la vie, et arriverez à votre but éternel. Je vous promets cela au nom de Dieu, qui tient toujours parole. Instruisez dès leur jeune âge vos enfants sur ces œuvres de charité. Les bonnes habitudes que vous leur donnez dès leur enfance, restent plus fortes que leurs petits défauts futurs, et leur assurent le chemin du salut. Mais l'avantage qui dépasse tous les autres, c'est le grand mérite qu'elles vous acquièrent aux yeux de Dieu.

Tous vous connaissez l'histoire de saint Martin. Si Dieu donne à un païen, pour la moitié d'un grossier manteau de soldat, la grâce de la conversion, de la prêtrise, de la dignité d'évêque et enfin la couronne de la sainteté, quelle récompense ne réserve-t-il pas à ceux dont les aumônes ont aidé les missionnaires à augmenter Sa gloire en sauvant les âmes !

Chers enfants, que le divin Sauveur qui a tant aimé les petits vous bénisse, comme il a béni les enfants pendant Sa vie terrestre.

Qu'il jette, Lui qui aime avant tout la simplicité et l'innocence, un regard sur vous, parents chrétiens, qui élevez ces petits pour Lui. Que vos bonnes et pieuses leçons stimulent ces enfants à Lui en gagner d'autres encore.

O Jésus ! ami des enfants, ordonnez à Vos anges d'accompagner nos petits bienfaiteurs pas à pas pendant leur course terrestre à travers les dangers de la vie, et conduisez-les un jour en triomphe dans Votre beau ciel.

Que là, au pied de Votre trône, ils reçoivent de Votre divin Cœur la récompense méritée par leur charité pour les pauvres Noirs.

TABLE

Paris. — Imprimerie G. Picquoin, 53, Rue de Lille.